AF219464

Im Original bei Dancing Eve Publications 2010 erschienen.

Originaltitel: Let's Go Menstrual!

© Wild Soul Words, 2022.

Text copyright ©2010 Miranda Gray and Richard Gray
miranda.gray@mirandagray.co.uk

Übersetzung: Bettina Kreissl Lonfat

Illustrationen, Schriftsatz & Design: Agence Philosophique
Herstellung und Verlag: BoD - Books on Demand, Norderstedt

ISBN: 9783756843053

# DIE VIER INNEREN GÖTTINNEN

Schaffe Wohlbefinden und Glück und
entdecke die Energien und Gaben
deines weiblichen Zyklus'

Liebe deine Weiblichkeit
Liebe deine zyklischen Gaben
Liebe es mit den vier
Göttinnen in dir zu tanzen.

von Miranda Gray

# INHALT

# EINE PERSÖNLICHE GESCHICHTE

"Der Menstruationszyklus ist der Schlüssel zu deinem Wohlbefinden!"

Klingt das etwas seltsam?

Meine persönliche Geschichte ist, dass ich immer eine starke Verbindung zu den inneren Göttinnen hatte. Das erste Mal lernte ich die inneren Göttinnen, ihre Verbindung zu meinem Zyklus und ihre Wirkung auf mich in meinen frühen Zwanzigern, kennen. Ich bemerkte, dass ich mich an bestimmten Tagen selbstbewusster und kontaktfreudiger fühlte, an anderen Tagen fürsorglicher und liebevoller, an manchen Tagen konnte ich besser über Aufgaben nachdenken, und an anderen Tagen fühlte ich mich kreativer, zurückgezogener und verträumter.
Es schien mir naheliegend, Aktivitäten an Tagen durchzuführen, an denen meine inneren göttlichen Energien und Fähigkeiten mir halfen, die Dinge besser zu machen. Und als ich dies tat, stellte ich fest, dass ich mich mit mir und meinem Leben glücklicher fühlte.

Eine der aufregenderen Dinge, die ich entdeckte, war eine neue Fähigkeit – während einer Woche im Monat fand ich, dass ich leicht und gut schrieb. Ziemlich erstaunlich, wenn man bedenkt, dass ich zu der Zeit Künstlerin war. Anstatt zu glauben, dass ich deswegen eine schlechte Autorin war, schrieb ich einfach eine Woche pro Zyklus. Und das Ergebnis war mein erstes Buch "Red Moon", in dem es um die inneren Göttinnen, ihre Gaben und den Menstruationszyklus geht.

Meine Erfahrung mit meinem Zyklus war nie einfach, weder physisch noch emotional. Ich habe PMS wie viele Frauen, aber wenn ich so tief wie möglich im Bewusstsein meines Zyklus und der erstaunlichen Gaben der Göttinnenenergien lebe und arbeite, dann lassen meine Symptome nach, ich fühle mich glücklicher und ich erreiche viel mehr, als ich es sonst tun würde.

Ich hoffe, dass du – indem du deinen Zyklus erforschst, die Wunder diener inneren Göttinnen entdeckst – es genießt jeden Monat mit ihnen zu tanzen um Wohlbefinden und Glück für dich zu schaffen. So wirst du erfahren, wie erstaunlich, aufregend und positiv dein Zyklus in deinem Leben sein kann".

Miranda Gray, Vereinigtes Königreich.

# DIE GESCHICHTE DER
## ALTEN WEISEN DES WINTERS

Vor langer Zeit, weit weg, lebte eine junge Prinzessin.

Ihre Eltern hielten sie in ihrem Schloss gefangen, aber in ihrem Herzen sehnte sie sich danach, frei zu sein und die Außenwelt zu erkunden.

Eines Tages gelang der Prinzessin durch sorgfältige Planung und einem versteckten Umhang die Flucht.

Sie trat in den hellen Morgen hinaus und folgte einem kleinen Pfad, der durch die Wälder rund um das Schloss führte. Sie war so aufgeregt, dass sie rennen, springen, tanzen und schreien wollte! Während sie den Pfad entlang hüpfte, machte sie Pläne von all den Dingen, die sie tun wollte.

Am Vormittag kam die Prinzessin zu einem wunderschönen Tempel aus weißem Stein, der auf einer Lichtung im Wald stand.

Sie war durstig, also ging die Prinzessin mutig zur Tür und läutete die silberne Glocke. Nach einigen Augenblicken öffnete ein schönes Mädchen - etwas älter als die Prinzessin - die Tür, und die Prinzessin bat um etwas Wasser.

Das Mädchen führte sie zu einem kleinen Brunnen und reichte der Prinzessin einen kleinen silbernen Becher, damit sie trinken konnte. Das Wasser fühlte sich frisch und voller Licht und Energie an. Das Mädchen lachte über den erstaunten Blick der Prinzessin.

«Dies ist der Tempel der Jungen Frauen», sagte sie, «Du trinkst aus dem Jungbrunnen!» Die Prinzessin fühlte, wie wunderbare Energie durch sie floss und sie mit Glück erfüllte.

«Oh, ich würde so gerne hier bleiben», sagte sie. Darf ich?

Das Mädchen schüttelte den Kopf: «Dein Weg liegt nicht bei uns», sagte sie. Dein Weg ist es, weiterzugehen. Ich habe eine Schwester, die nicht weit von hier lebt. Du könntest sie um eine Bleibe bitten. Folge einfach dem Weg und du wirst ihr Haus sehen.»

Bevor die Prinzessin ging, gab das Mädchen ihr zwei Geschenke.

«Trag diese Blume, und ihr Duft wird dich an deine Schönheit erinnern.»

Das Mädchen steckte der Prinzessin eine kleine weiße Blume ins Haar.

Dann gab sie der Prinzessin ein kleines Messer, dessen Griff wie ein weißer Vogel geschnitzt war. «Nutze deine Energien gut», sagte sie und umarmte sie schließlich.
Die Prinzessin fühlte sich ein wenig traurig, als sie das Mädchen verließ, aber schon bald war sie glücklich, den Weg zu gehen.

Gegen Mittag fühlte sie sich hungrig, und der Geruch von Holzrauch führte sie zu einer schönen Hütte. Die Hütte war mit Kletterrosen mit tiefrosa Blüten bedeckt und hatte einen Garten voller Pflanzen, Bienenstöcke, Kräuter und Frauen, die arbeiteten.

Es gab auch Frauen, die von den Feldern und Obstgärten zurückkehrten und Getreide und Früchte in großen geflochtenen Körben trugen, und andere Frauen pflückten Kräuter aus dem Garten. In der Ferne konnte die Prinzessin die Geräusche der spielenden Kinder und die Geräusche des Unterrichts hören.

Eine Frau blickte auf und winkte der Prinzessin zu, sich ihr anzuschließen.

«Willkommen, Reisende.», sagte sie lächelnd. «Du hast bestimmt Hunger - komm, iss!»

Sie führte die Prinzessin zu einem Platz im Garten und wies die anderen Frauen an frisch gebackenes Brot mit Butter und Honig, schöne grüne Äpfel und salzigen Ziegenkäse zu bringen. Die Frau setzte sich neben die Prinzessin, während diese aß.

«Wir sind hier eine große Familie», sagte sie. «Wir pflanzen und stellen alles her, was wir brauchen», sagte sie. Ein Kleinkind kam auf die Frau zugelaufen, die es lachend aufhob und sie auf die Wange küsste.

«Eine meiner vielen Töchter», sagte sie, während das Kind kicherte. Die Prinzessin seufzte. Sie wünschte sich so sehr ihre Kreativität mit den anderen Frauen zum Ausdruck zu bringen und mitzuhelfen, den Garten und die Kinder zu pflegen.

«Ich würde so gerne hier bleiben», sagte sie.

«Oh, aber das kannst du nicht.», rief die Frau, als sie ihre Tochter absetzte. «Du hast noch einen langen Weg vor dir. Aber er wird voller erstaunlicher Erfahrungen sein.»

Sie packte der Prinzessin etwas zusätzliches Essen in eine weiße Serviette und gab ihr dann ein Geschenk. Sie steckte der Prinzessin eine goldene Brosche in Form einer Biene an ihr Kleid.

«Dies wird dich an uns erinnern», sagte sie, «und daran, was du alles machen und erschaffen kannst».

Sie pflückte eine rosa Rose von einem Busch und steckte sie in das Haar der Prinzessin neben die kleine weiße Blume des Mädchens. «Und diese Rose wird dich an deine Fähigkeit zu lieben erinnern», sagte sie.

Alleine gelassen, verließ die Prinzessin den Garten und folgte dem Weg und dachte dabei an ihre Familie und Freunde. Sie begann, sie zu vermissen, und ihr Herz füllte sich mit Liebe, als sie sich ihre Gesichter vorstellte. Sie beschloss, dass sie am nächsten Tag nach Hause zurückkehren würde, da sie nicht wollte, dass sie sich Sorgen machten.

Nach und nach wurde der Wald dunkler während die Sonne unterging, und die Prinzessin begann sich müde und gereizt zu fühlen.

Obwohl der rosa und goldene Himmel die Bäume mit schönen Farben erfüllte, begann die Prinzessin ängstlich zu werden und sie begann beängstigende Bilder in den Schatten zu sehen.
Es war fast dunkel, als sie einen kleinen Fluss erreichte. Die Sterne fingen gerade an aufzugehen. Sie setzte sich auf einen Felsen und zog ihre Schuhe aus, als ein Rascheln neben ihr, sie aufspringen ließ.

Eine Gestalt, die sie für einen Busch gehalten hatte, entfaltete sich und wurde zu einer Frau, nur mit einem zerlumpten Umhang bekleidet. Die Prinzessin konnte nicht genauer sehen, wie die Frau aussah, aber kleine Einblicke auf den Körper der Frau unter dem Umhang zeigten, dass diese wilde Frau nackt war.

Mit klopfendem Herzen fragte die verängstigte Prinzessin: «Wer bist du?»

«Ha!» antwortete die Frau scharf, «wer ist hier jemand? Warum belästigst du mich?»

Die Frau schlurfte zum Fluss hin und begann mit erhobenen Armen, zum Rhythmus ihrer Füße auf der Erde zu tanzen. Die Prinzessin konnte spüren, wie der Klang durch ihren Körper vibrierte, und ihr Schoß presste sich daraufhin zusammen. Sie wollte sich dieser Frau anschließen, frei sein, alles wegwerfen und wild und verrückt unter den Sternen tanzen.

Während sie beide tanzten, begann eine wunderschöne Energie um sie herum zu wirbeln. Tiere nahmen in der Energie Gestalt an, und die Prinzessin sah die Gesichter der Menschen. Sie wusste, dass die Frau magisch war und zwischen der Alltagswelt und der Welt der Magie stand, und sie wollte diese Kraft für sich selbst haben. Gemeinsam tanzten sie im Rhythmus ihrer Füße, wirbelten in der Magie und Inspiration des Augenblicks.

Als sie schließlich zu tanzen aufhörten, bemerkte die Prinzessin, dass auch sie nackt war - sie erinnerte sich nicht daran, dass sie sich ausgezogen hatte.

Es war jetzt Nacht, und sie begann zu frieren. In Panik jagte sie umher, um ihr Kleid und ihren Rucksack zu finden. Ihr wurde klar, dass sie in ihrem wilden Tanz zu viel weggeworfen hatte.

Nachdem sie sich angezogen und in ihren Umhang gehüllt hatte, fühlte sie sich erschöpft. Sie hilt nach der Frau Aussicht, um zu fragen, wo sie die Nacht verbringen könnte, aber die Frau war verschwunden. Auf der Erde am Fluss lag eine kleine Kristallkugel, und als die Prinzessin sie aufhob, hörte sie die Stimme der Frau in ihrem Kopf.

«Dies soll dich an die Magie in dir selbst erinnern.»

Die Prinzessin steckte die Kugel in ihren Rucksack und verließ den Fluss und sie erkannte, dass die Frau außer der Wildnis kein Zuhause hatte und sich keine Gesellschaft/Gefährtin wünschen würde.

In mitten der Dunkelheit wurde die Prinzessin beim Laufen immer müder. Sie bückte sich und ihre Schritte wurden immer langsamer und sie konnte nicht mehr klar denken.
In Bewegung zu bleiben, erschien ihr eine große Anstrengung. Sie fühlte sich so kalt und erschöpft, dass sie bereit war, am Rande des Weges zusammenzubrechen, um zu schlafen, als sie den Schimmer des Feuerlichts sah.

Zwischen den Bäumen sah sie einen kleinen Eingang zu einer Höhle, und im Schein des Feuers wartete eine alte Frau.

«Komm schnell rein, Kind, es sieht aus, als würde es bald schneien», rief die Frau.

Die alte Frau führte die Prinzessin in die Höhle, die warm und mit schönen reichen Tüchern und Fellen ausgekleidet war. Schweigend nahm die alte Frau der Prinzessin den Umhang ab und führte sie in eine zweite dunkle Höhle mit einem flachen Becken mit dampfend heißem Wasser.

«Tauch ins Wasser ein und wärm dich auf», lächelte die alte Frau. «Du bist hier in Sicherheit. Hier kannst du dich entspannen und ausruhen.»

Die Prinzessin zog sich aus und glitt ins Wasser, was den Dampf in Spiralen aufsteigen ließ.

Die Höhle wurde nur durch das Feuerlicht aus der ersten Höhle beleuchtet, und als die Prinzessin im Wasser schwebte, bemerkte sie Sterne an der Decke und es fühlte sich an, als würde sie durch Galaxien und den Weltraum schweben.

Das Wasser spülte ihre Sorgen und Ängste weg, und sie kletterte ruhig und friedlich hinaus. Die alte Frau hatte ihr ein dunkles, warmes Gewand hinterlassen und sie zog es an.
In der Haupthöhle war das Feuer erloschen, und nun erhellte seine Glut den Raum mit tiefen roten und dunklen Schatten.

«Ruh dich aus, mein Kind», sagte die alte Frau freundlich. «Du kannst nicht lange hier bleiben. Für eine Weile aber, kannst du dich in meinem Heiligtum ausruhen.»

Die Prinzessin lag auf dem Boden, dem Kopf im Schoß der alten Frau ruhend, und als sie in ihr freundliches Gesicht aufblickte, konnte sie Sterne in ihren Augen sehen.

«Wo auch immer du im Leben wandelst, wie weit du auch reist, du hast hier immer ein Zuhause bei mir.

Komm zu mir zurück, denn in meinem Schoß bist du wiederhergestellt.

Entspann dich, liebe Tochter, und nimm mein Geschenk an. »

Und die Prinzessin schlief ein.

# MENSTRUATIONSZYKLUS? GÖTTINNEN-ZYKLUS!

Unser Menstruationszyklus umfasst ein paar Tage mit Blutungen, die Menstruation genannt werden und oft auch als unsere Mondzeit bezeichnet werden. Diese tritt ungefähr alle 28 Tage auf - die Anzahl der Tage in unseren Zyklen kann weniger als 28 Tage oder mehr betragen. Die Anzahl kann sich auch von Zyklus zu Zyklus ändern, manchmal länger oder kürzer dauern.

Normalerweise beginnen wir die Tage unseres Zyklus ab dem ersten Tag der Mondzeit zu zählen - dies ist unser 'Zyklustag 1'.

### Unser erster Tag der Mondzeit ist unser Zyklustag 1

Neben der Menstruation setzen wir auch in jedem Zyklus ein Eizelle frei, und das nennt man Eisprung.

Der Eisprung findet um die Tage 14 bis 16 in unseren Zyklen statt. Viele Frauen bemerken das Ereignis nicht, aber einige Frauen spüren einen leichten Schmerz oder bemerken einen Unterschied in ihrer Vaginal-Schleimhaut.

### Wir geben um die Zyklustage 14 bis 16 eine Eizelle ab

Nach Abgehen der Eizelle treten wir in die prämenstruelle Phase ein, und Frauen können PMS oder prämenstruelles Syndrom erleben. Das sind Tage, an denen wir uns sehr emotional fühlen können und eine Reihe von körperlichen Symptomen haben, wie z.B. Heißhunger auf Nahrung, Völlegefühl, Reizbarkeit oder das Bedürfnis nach mehr Schlaf.

Wir können unseren Zyklus in vier Phasen oder Gruppen von Tagen unterteilen. Denkt aber daran, dass die natürliche Länge eurer Phasen länger oder kürzer sein kann als das unten gezeigte Beispiel:

| Zyklusphase | Beschreibung | ungefährer Zyklustag |
|---|---|---|
| Menstruationsphase | Blutung | Zyklustage 1 bis 6 |
| Vor-Eisprungsphase | Zwischen Menstruation und Eisprung | Zyklustage 7 bis 13 |
| Eisprungsphase | Eisprung, Loslösen der Eizelle | Zyklustage 14 bis 20 |
| Prämenstruelle Phase | Zwischen Eisprung und Menstruation | Zyklustage 21 bis zum 1. Blutungstag |

# HILF DIR DICH GUT ZU FÜHLEN!

Jede Phase unseres Zyklus ist mit einer anderen inneren Göttin und den mit ihr verbundenen Energien verbunden, und sie beeinflusst:

- **Wie wir denken**
- **Wie wir fühlen**
- **Unseren physischen Energiehaushalt**

Wenn wir die Göttin in unserer Phase bemerken und wie sie unser Denken und Fühlen beeinflusst, können wir anfangen, besser auf uns selbst aufzupassen und unsere emotionalen, mentalen und physischen Bedürfnisse zu befriedigen. Und die gute Nachricht ist, dass dies uns dann dabei hilft, uns selbst gut zu fühlen.

Wenn wir uns unserer Zyklen bewusster werden, fühlen wir uns:

- in unseren Körpern wohl
- selbstwirksamer, weil wir wissen, warum wir uns so fühlen, wie wir es tun
- verbundener und vertrauter mit unseren Fähigkeiten
- mehr befähigt, positive Gefühle über uns selbst zu erzeugen

## ENTDECKE DIE GÖTTINNEN IN DIR

In dir liegen vier Göttinnen.

Während wir durch die Phasen unseres Zyklus reisen, erscheint jede Göttin für uns und stellt uns ihre Energien, besonderen Gaben und Fähigkeiten, ihre Bedürfnisse und Träume zur Verfügung. Diese Göttinnen wurden in der alten Vergangenheit von Frauen erkannt und sind mit den Energien und dem Zyklus des Mondes, der Jahreszeiten, des Lebens und des Menstruationszyklus verbunden.

| Vor-Eisprungsphase | Eisprungsphase | Prämenstruelle Phase | Menstruationsphase |
|---|---|---|---|
| Junges Mädchen Junge Frau | Fruchtbare Frau | Peri- & Frühe Menopause | Ältere Frau |
| Junge Göttin | Muttergöttin | Zauberinnengöttin | Crone Göttin |
| Frühlingsgöttin | Sommergöttin | Herbstgöttin | Wintergöttin |
| Göttin der zunehmenden Mondin | Vollmond-Göttin | Göttin der abnehmenden Mondin | Göttin der Schwarzmondin |

In diesem Buch werden wir diese göttlichen Energien erforschen, wie sie uns beeinflussen, ihre Geschenke und Herausforderungen, und wie wir in Balance und Harmonie mit ihnen leben können, um Wohlbefinden und positives Lebensgefühl für uns zu schaffen!

## LERNE DEINE GÖTTINNEN KENNEN

Unsere monatlichen Zyklen können uns eine ganze Reihe hilfreicher, angenehmer und aufregender Gefühle liefern, die wir auf praktische Weise nutzen können, um uns in unserem Leben wohl zu fühlen.

Jede Frau hat ihre eigenen Erfahrungen mit ihren Zyklusgöttinnen, die individuell sind, aber es gibt einige Dinge, die wir alle gemeinsam haben.

## DEINE JUNGE-FRAU-GÖTTIN DES FRÜHLINGS

Die Junge-Frau-Göttin des Frühlings erscheint etwa um den 7. Zyklustag und dauert etwa bis zu Zyklustag 13.

**Wie fühlt sich deine Junge-Frau-Göttin des Frühlings an?**

Der Frühling ist eine Zeit für neues Wachstum und neue Energie. Das Land ist voll von neuem Leben. Voller Pflanzen, die Blumen und neue Blätter hervorbringen und Vögel, die Nester bauen und Eier legen. Tiere erwachen aus ihrem Winterschlaf und werden aktiv. Wir fühlen uns hellwach und aktiver, glücklich und zuversichtlich.

Wie der zunehmende Mond wachsen wir in Energie und bringen unser Licht und unsere Aufmerksamkeit in die alltägliche Welt hinaus.

In unserer Frühlings-Junge-Frauen-Phase, kann es sein, dass wir:

- mehr körperliche Energie haben
- wir mehr Dinge tun möchten
- besser im Denken sind und uns darauf freuen, neue Dinge zu lernen und mehr Aktivitäten zu haben
- uns mit unseren Körpern glücklicher fühlen
- mehr Vertrauen in das haben, was wir tun können und wer wir sind
- Projekte mit Planung und direkter Handlung, realisieren

# DEINE SOMMER-MUTTER-GÖTTIN

Die Sommer-Mutter-Göttin erscheint etwa um den 14. Zyklustag herum und bleibt bis etwa um den 20. Zyklustag.

**Wie fühlt sich deine Sommer-Mutter-Göttin an?**

Im Sommer sind die Bäume voller Blätter, die Tiere haben ihre Familien, und es gibt reichlich Nahrung und Wärme für sie. Vielleicht möchten magst du einen Urlaub machen, dich mehr entspannen und das Leben und die Gesellschaft der Menschen um dich herum genießen. Wir sind weniger aktiv als im Frühling und lassen die Dinge eher auf ihre eigene Art und Weise geschehen, anstatt sie geschehen machen.

Wie der Vollmond strahlen wir unsere Energien in die Welt hinaus und umarmen jeden mit unserem sanften Licht.

In unserer Sommer-Mutter-Phase, kann es sein, dass:

- es dir einfacher fällt, die Dinge so zu akzeptieren, wie sie sind
- Du in der Lage bist, deine Gefühle auf positive Art und Weise mitzuteilen
- es dir leichter fällt, auf andere zuzugehen und Beziehungen aufzubauen
- du motiviert bist, anderen zu helfen
- du dir selbst und anderen gegenüber mehr Fürsorge und Unterstützung fühlst
- du Verständnis für die Gefühle und Bedürfnisse anderer Menschen hast
- du bereit bist, die Dinge in ihrem eigenen Tempo wachsen zu lassen, ohne sie zu erzwingen
- du dich glücklich fühlst und zufrieden mit dem, was du bist
- du dich emotional stark und zuversichtlich fühlst

# DEINE HERBST-ZAUBERINNEN-GÖTTIN

Die Herbst-Zauberinnen-Göttin erscheint um den 21. Zyklustag herum und bleibt bis zum ersten Tag der Regelblutung und sie kann die Göttin mit dem meisten Konfliktpotenzial für viele Frauen sein.

**Wie fühlt sich deine Herbst-Zauberinnen-Göttin an?**

Im Herbst werden die Tage kürzer, die Blätter beginnen von den Bäumen zu fallen, die Vögel beginnen zu wandern und die Tiere bereiten sich darauf vor, den Winter durchzuschlafen. Im Garten verbrennen die Menschen die Blätter und schneiden den Sommerwuchs zurück. Wir können uns weniger aktiv fühlen, wenn die Nächte länger werden, und wir neigen dazu, uns nach innen zu wenden und wollen uns nicht in die Kälte hinauswagen. Wir können das Bedürfnis verspüren, unseren Müll und Altes wegzuräumen, uns alleine zusammenzurollen und mehr zu schlafen.

Wie der abnehmende Mond beginnen wir, uns von der Außenwelt zurückzuziehen, und wir wenden unsere Aufmerksamkeit nach innen der magischen Dunkelheit und dem Spirituellen zu.

In der Herbst-Zauberinnen Phase, kann es sein, dass wir:

- schneller und direkter müde werden und mehr Schlaf benötigen um uns gut zu fühlen
- ungeduldig sind, weil wir müde sind und nicht klar denken können
- emotionale Hochs und Tiefs fühlen
- Energie-Hochs haben und uns dann direkt wieder erschöpft fühlen
- viele wertende und kritische Gedanken über uns selbst, andere, unser Leben und unsere Vergangenheit haben
- uns frustriert fühlen, wenn wir Dinge nicht tun können und fühlen uns gleichzeitig unruhig
- den Drang verspüren, Probleme zu beheben und Unordnung zu beseitigen
- in Ruhe gelassen werden wollen
- nichts tun wollen
- verzweifelt sind, uns selbst und unser Leben in Ordnung zu bringen
- sehr inspiriert sein und viele kreative Ideen haben

# DIE CRONE-GÖTTIN DES WINTERS

Die Crone-Göttin des Winters erscheint um unseren ersten Tag der Blutung bis etwa Zyklustag 6. Das ist unsere Mondzeit.

**Wie fühlt sich deine Crone-Göttin des Winters an?**

Im Winter sind die Tage dunkel und kalt. Wir sehen eher die Sterne, das Land ist kahl und leer. Und wir neigen dazu, drinnen bleiben zu wollen und nichts zu tun, außer uns wie die Tiere in der Wärme und Dunkelheit zusammenzurollen. Es ist eine Zeit, in der wir dazu neigen, über das gerade vergangene Jahr nachzudenken, Tagträume über die Zukunft zu haben, zu fühlen, was wir im kommenden Jahr tun wollen und uns zu den Vorsätzen für das neue Jahr zu bekennen.

Wie der dunkle Mond sind unsere Energien in uns zurückgezogen und wir ruhen, erneuern unsere Energien und verbinden uns mit der Einheit des Universums.

In der Phase der Winter-Crone, kann es sein, dass wir:

- uns zurückgezogen und ruhig fühlen
- uns glücklich fühlen, einfach nur zu sitzen und an nichts zu denken
- sehr wenig tun wollen
- uns müde fühlen
- glücklich sind, die Dinge loszulassen, die uns in der Herbstphase geärgert haben
- eher fähig sind zu vergeben und zu vergessen
- weniger durch Handeln und Erreichen von Dingen motiviert sind
- eher in der Lage sind, zu verstehen, was wir im Leben wollen und uns dafür einzusetzen
- wissen, dass wir OK sind, so wie wir sind
- lernen unser wahres Ich unter all unseren Urteilen und Erwartungen kennen

# WIE DU MERKT, WAS DU FÜHLST

Jeder Mensch ist anders, deshalb müssen wir unsere eigene persönliche Beziehung zu unseren inneren Göttinnen aufbauen, um sie zu verstehen und ihre Gaben und Weisheit anzunehmen. Um dies zu tun, müssen wir merken, wie jede Göttin uns in ihrer Phase fühlen lässt und einfache Beobachtungen festhalten.

Zum Beispiel

*Zyklustag 8: Habe viel Energie und ich bin zuversichtlich*
*Zyklustag 9: Habe heute eine Menge Dinge erledigt.*

Man kann Notizen auf einem Blatt Papier, einem Kalender oder in einem Tagebuch machen oder die Tabellen auf der Rückseite des Buches benutzen.

## WERDE AKTIV

### Stelle dir jeden Tag die folgenden Fragen:

Diese Fragen können dir helfen, deine Gefühle und Veränderungen in dir zu erkennen.

**Physische Energie:**

- Fällt es mir leicht, körperliche Dinge zu tun, oder ist es ein Kampf?
- Fühle ich mich:
- Physisch müde, oder voller Energie?
- Einverstanden, dass man mich berührt?
- Wohl mit Menschen, die mir körperlich nahe sind?
- Sexy und sinnlich?
- Glücklich mit meiner körperlichen Erscheinung, oder sehr kritisch?
- Bin ich schusselig?
- Habe ich Heißhunger auf bestimmtes Essen?
- Was brauche ich körperlich, um mich glücklich zu fühlen?

**Emotionale Energie:**

- Fühle ich mich:
  - emotional stark und selbstbewusst?
  - liebevoll und fürsorglich?
  - bereit zum Handeln?
  - als, möchte Menschen erreichen?
  - selbstbewusst im Umgang mit anderen, oder fühle ich mich schüchtern?
  - mehr positiv als negativ, oder andersherum?
  - sicher, oder verletzlich?
  - als, ob ich mit allem umgehen kann?
  - Befähigt andere zu akzeptieren?
  - Bin ich gut darin, anderen zuzuhören
- Ist es wichtig, wie sich andere fühlen?
- Bin ich enthusiastisch und leidenschaftlich in meinen Ideen und Handlungen?
- Was brauche ich emotional, um mich glücklich zu fühlen??
- Was ist für mich wichtig?

**Mentale Energie:**

- Denke ich klar, oder bin ich tagträumerisch?
- Ist mein Gedächtnis gut?
- Bin ich gut in Zahlen, Rechtschreibung und Planung?
- Habe ich viele inspirierte Ideen?
- Kann ich mich leicht konzentrieren und mich auf das konzentrieren, was ich tue?
- Weiß ich, was ich will?
- Was muss ich mit meinem Verstand tun, um mich glücklich zu fühlen?

# WERDE AKTIV

## Mach dir Notizen

Benutze entweder die Tabellen auf der Rückseite des Buches oder ein Notizbuch, um deine Beobachtungen niederzuschreiben.

# WERDE AKTIV

## Notiere auch alle anderen Ereignisse in deinem Leben

Wir müssen uns auch andere Dinge notieren, die in unserem Leben passieren, weil sie unsere Gefühle verändern und unsere Phasenwechsel und inneren Göttinnenenergien verdecken können.

Zum Beispiel können wir uns in der Frühlingsjungfern-Phase müde fühlen, einfach weil wir nicht gut geschlafen haben, oder wir können uns in der Winterkronen-Phase gestresst fühlen, weil wir ein wichtiges Ereignis erwarten.

Frag dich selbst: Was sonst in meinem Leben könnte einen Einfluss darauf haben, wie ich mich heute fühle?

Vielleicht fällt dir auf, dass du dich in deinen Phasen anders fühlst als in diesem Buch beschrieben.

Bravo! Du hast den Unterschiede bemerkt! Es zeigt, dass du dir deiner Emotionen, Gedanken und deines Körpers wirklich bewusst bist.

Es ist sehr natürlich, dass wir unterschiedliche Erfahrungen mit unseren Zyklen machen - niemand hat genau denselben Zyklus oder Dinge, die in ihrem Leben passieren.

> *Angela bemerkte, dass sie in ihrer Sommer-Mutter Phase mehr mit ihrer Mutter sprechen wollte, als wenn sie in ihrer Winter-Crone Phase war.*
>
> *Sie bemerkte auch, dass sie in ihrer Winter-Crone Phase nicht viel tun wollte, aber in ihrer Frühlings-Junge-Frauen Phase hatte sie viel mehr Energie.*
>
> *Angela wusste, dass sie während ihres Zyklus einige Nächte schlecht geschlafen hatte, und sie machte eine Notiz in ihrem Notizbuch.*

## GÖTTINNEN-AKTIVITÄTEN UM SICH GUT ZU FÜHLEN!

Wenn wir unsere Zyklen und unsere inneren Göttinnen kennenlernen, entdecken wir, dass sich das, was uns leicht fällt und uns gut tut, mit den Phasen verändert.

Das ist wirklich aufregend, weil es bedeutet, dass wenn wir Aufgaben erledigen, wenn wir wissen, dass wir gut darin sind, können wir die Dinge besser und schneller erledigen als zu anderen Zeiten im Zyklus und...

WIR FÜHLEN UNS GUT!

Jede Aktivität, die dir leicht fällt, gibt dir ein gutes Gefühl!

Es gibt auch Phasen in unseren Zyklen, in denen wir besser mit Menschen reden und Freundschaften schaffen können, Phasen, in denen wir kreativer und inspirierter sind, Phasen, in denen wir unser Vertrauen und unsere Selbstliebe aufbauen können, und Phasen, in denen wir unsere tiefsten Wünsche herausfinden können. Diese Phasen sind ,optimale Zeiten' in unserem Zyklus, um diese Dinge zu tun.

Hier sind einige Aktivitäten, die du in deinen verschiedenen Phasen ausprobieren kannst.

## WERDE AKTIV

Schreib auf, was dir leicht fällt

Viel Spaß und experimentiere, um zu sehen, was bei dir funktioniert.

Mache eine Notiz in der Spalte ,Dinge, die mir leicht fallen' in den Tabellen am Ende dieses Buches. Dies hilft dir, dich daran zu erinnern, diese Aktivitäten in der gleichen Phase in deinem nächsten Zyklus wieder zu tun.
Du wirst feststellen, dass du dich gut fühlst, wenn du eine Aktivität machst, die dir leicht fällt, also plane JEDEN MONAT, mehr von diesen Dingen zu tun, die dir ein gutes Gefühl geben!

## Einfache Fühlings-Junge-Frauen Göttinnen Aktivitäten:

- Erledige viele Aufgaben.
- Fang etwas Neues an - gib das Rauchen auf, ernähre dich gesund, fang an zu trainieren!
- Pläne durch direkte Handlung vorantreiben.
- Mache einen Plan der Dinge, die du während deines Zyklus tun willst. Schau dir die Phasenbeschreibungen vorher an, um die besten Zeiten dafür herauszufinden.
- Nutze dein Selbstvertrauen, um etwas anderes als das Übliche zu machen.
- Nutze deine Denkfähigkeit, um etwas Neues zu lernen, ein Buch zu lesen, Formulare auszufüllen und Probleme zu lösen.
- Mache die Dinge selbstständig ohne die Unterstützung anderer.
- Stehe für deine Ideen und deinen Standpunkt auf ruhige Art und Weise ein.

> *Melanie beschloss, ihre junge Frühlingsenergie und -Fähigkeiten zu nutzen, um etwas Neues zu lernen. Sie fand es einfacher, sich zu konzentrieren und sich auf das Lesen zu konzentrieren, obwohl es zu dieser Zeit um sie herum laut war.*

## Einfache Sommer-Mutter-Göttinnen Aktivitäten:

- Sei kontaktfreudig, mach neue Bekanntschaften und finde neue Freunde.
- Unterstütze Andere, hilf ihnen sich um sich zu kümmern oder ihre Bedürfnisse zu befriedigen.
- Sprich über Streitigkeiten. Deine emotionale Stärke wird dir helfen, mit Problemen ruhig umzugehen und anderen das Gefühl geben, dass du ihre Bedürfnisse und Verletzungen erkennst.
- Sprich mit Menschen, mit denen du vielleicht schon eine Weile lang nicht mehr Kontakt hattest.

- Präsentiere dich und deine Fähigkeiten und Ideen vor anderen - du bist viel eher in der Lage, positiv über dich selbst zu denken.
- Lass Projekte und Menschen sich auf ihre eigene Weise entwickeln. Hilf nur dann, wenn es wirklich gebraucht oder gefragt wird.

> *Kym stellte fest, dass sie sich in ihrer Sommergöttin-Phase selbstbewusster unter Leuten fühlte, die sie nicht kannte, also nutzte sie diese Woche, um Firmen anzurufen, um Arbeit zu finden.*

### Einfache Herbst-Zauberinnen-Göttinnen Aktivitäten:

- Finde heraus, was du brauchst. Nimm dir eine ganze Minute Zeit und frage dich jeden Tag ‚Was brauche ich tief in meinem Inneren, wie kann ich es mir geben?'
- Nutze deinen kreativen Enthusiasmus, um neue Dinge in allen Bereichen deines Lebens zu erschaffen, und spüre den Nutzen des Stressabbaus!
- Probleme lösen. Finde ein Projekt, bei dem es nicht darum geht, dich selbst oder jemand anderen zu „reparieren", und lass deiner kreativen Inspirationskraft freien Lauf.
- Entrümple etwas, schaffe Platz oder Ordnung und spüre danach den Nutzen der Stressentlastung.
- Suche nach Problemen und Fehlern - bearbeite Briefe und Berichte, überprüfe Formulare, die du ausgefüllt hast und lies das Kleingedruckte auf Produkten oder Garantien.
- Überprüfe, was in deinem Leben gut funktioniert und was dir nicht die gewünschten Ergebnisse bringt (obwohl du die tatsächlichen Veränderungen erst in der Junge-Frau-Frühlingsphase vornehmen solltest).
- Erledige Dinge selbst, aber delegiere, wenn du müde wirst.

> *In ihrer Herbst-Zauberinnen-Phase stellte Erin fest, dass sie müder und reizbarer wurde. Sie gönnte sich mehr Pausen während des Tages und nutzte ihre Herbst-Zauberinnen-Fähigkeiten, um ihre Schränke auszuräumen und alles aufgeräumt wirken zu lassen.*

Einfache Winter-Crone-Göttinnen Aktivitäten:

- Schlafen!
- Meditieren oder Beten.
- Tu nur das, was wirklich wichtig ist; du wirst wissen, was das ist.
- Vergebe dir selbst und anderen.
- Lass die Vergangenheit los.
- Frage dich, was du wirklich im Leben willst, und fühle die Antwort.
- Genieße das Gefühl, dein Selbst, deine Situation und die Menschen um dich herum zu akzeptieren.
- Träume von einer positiven Zukunft.
- Verpflichte dich zu Veränderungen oder Aktionen, die du im kommenden Monat durchführen willst.
- Ziehe dich in deine innere Höhle zurück und genieße es dort zu sein!
- Überprüfe, was in deinem Leben gut funktioniert und was dir nicht die gewünschten Ergebnisse bringt (obwohl du die tatsächlichen Veränderungen erst in der Junge-Frau-Frühlingsphase vornehmen solltest).
- Erledige Dinge selbst, aber delegiere, wenn du müde wirst.

> *Anna stellte fest, dass sie in ihrer Winter-Crone-Phase viel ruhiger und friedlicher war und sie sich nicht übermäßig Sorgen machte oder sich über Dinge stresste. Sie war in der Lage, einen Streit mit einem Freund loszulassen und beschloss, in der Jungen-Frau-Frühlings-Phase alles wieder gut zu machen..*

Wenn du deine eigenen Phasen erkundest, wirst du viele weitere Dinge finden, die du gut machen kannst, als die hier genannten. Vielleicht stellst du auch fest, dass einige Aktivitäten in anderen Phasen einfacher waren als in den hier erwähnten.

Das ist okay, denn niemand hat genau die gleichen Erfahrungen.

**Es ist hervorragend, dass du deine eigenen Erfahrungen wahrnimmst - mach weiter so!**

# GÖTTINNEN CHALLENGES!

Genauso wie es Dinge gibt, die wir in jeder Phase besser können, gibt es andere Aktivitäten, in denen wir vielleicht nicht so gut sind. Wenn wir versuchen, diese Aktivitäten zu tun, können wir uns frustriert und wütend auf uns selbst fühlen, weil wir unsere eigenen Erwartungen nicht erfüllen. Es kann auch Situationen geben, in denen wir uns weniger wohl fühlen.

Wenn wir verstehen, dass wir uns in jeder Phase verändern, können wir aufhören, uns schlecht zu fühlen bei dem, was wir können und was nicht, weil wir wissen, **dass wir es in einer anderen Phase besser machen können.**

## WERDE AKTIV

Schreibe auf, was du nicht einfach findest

Notiere in der Spalte „Aktivitäten, die sich weniger leicht anfühlen" in den Aufzeichnungstabellen die Aktivitäten, Aufgaben und Situationen, die du als schwieriger empfindest oder die du in jeder Phase als besonders herausfordernd empfindest.

Die Tabellen unten geben dir einige Ideen zu einigen Erfahrungen, die du während deiner Phasen machen kannst. Viele Frauen machen diese Erfahrungen, und sie sind nicht "gut" oder "schlecht" - aber wir müssen uns bewusst sein, wie unsere Gefühle, Einstellungen und unser Verhalten Andere beeinflussen können.

**Du bist die Frühlings-Junge-Frau-Göttin? Achte auf:**

- Das Bedürfnis, Dinge alleine zu tun.
- Mangelnde Rücksicht auf Ansichten und Bedürfnisse anderer Menschen.
- Das Gefühl, etwas erreichen zu müssen, um sich selbst wertvoll zu fühlen.
- Zu viele Dinge auf einmal zu tun.
- Ungeduldig mit anderen oder Aktivitäten sein, wenn die Resultate nicht schnell genug eintreten.

**Du bist die Sommer-Muttergöttin? Achte auf:**

- Zu viel für andere zu tun.
- Das Gefühl, dass du geben musst oder gebraucht werden musst, um dich würdig zu fühlen.
- Zu viele Aufgaben oder Verantwortungen für Andere übernehmen.
- Deine eigenen Bedürfnisse ignorieren.
- Du wünschst dir, du könntest für immer diese Person sein.
- Menschen, die deine Großzügigkeit ausnutzen.

## Du bist die Herbst-Zauberinnen-Göttin? Achte auf:

- Negativen Emotionen und inneren Geschichten, die wir in unserem Kopf erfinden, Glauben zu schenken
- Selbstkritisch sein.
- Schlechtes Gedächtnis, also schreibe alles auf.
- Kreativer Druck. Tu etwas, um Frust abzulassen, auch wenn es nur kritzeln oder malen ist.
- Dominierende kreative Begeisterung, die alle anderen Gedanken und Bedürfnisse überwältigen kann.
- Die Fehler in dir selbst und in deinen Beziehungen sehen und versuchen, sie zu „reparieren".
- Frustration, Reizbarkeit, Aggression und Verletzlichkeit, verursacht durch Müdigkeit und geringe geistige Fähigkeiten.
- Essensgelüste und das Bedürfnis, dich emotional durch Essen und Trinken zu beruhigen.

## Du bist die Winter Crone Göttin? Achte auf:

- Gereiztheit, weil du dir keine Zeit zum Ausruhen genommen hast.
- Kummer, verursacht durch den Versuch, alles zu tun, was du normalerweise tun würdest.
- Mehr Kaffee trinken, um die Müdigkeit zu besiegen.
- Mangelnde Motivation, etwas zu tun - mit einer „was auch immer"-Einstellung.
- Mangel an geistiger und körperlicher Energie, was zu Fehlern, Missverständnissen und Vergesslichkeit führt.
- Mangelnder Appetit.

# ERFÜLLE DEINE INNEREN GÖTTINNEN-BEDÜRF-NISSE UND FÜHLE DICH GLÜCKLICH!

Wenn wir das Gefühl haben, dass die Bedürfnisse unserer inneren Göttin erfüllt werden, **fühlen wir uns automatisch glücklicher!**

Jede unserer vier Göttinnen hat andere Bedürfnisse. Um den ganzen Monat über Gefühle von Glück und Wohlbefinden zu erzeugen, müssen wir also:

1. Beachte die Bedürfnisse einer jeden Göttin *in ihrer Phase*
2. Erfülle die Bedürfnisse jeder Göttin *in ihrer Phase*

Im Folgenden findest du einige Vorschläge für Aktivitäten, die dir helfen können, die Bedürfnisse jeder Göttin zu erfüllen und Gefühle von Wohlbefinden, Glück und Zufriedenheit zu erzeugen.

In der Frühlings-Jungen-Frau-Phase können wir Gefühle von Zufriedenheit und Wohlbefinden erzeugen, indem wir

- Aktiv sind.
- Positive Ergebnisse erzielen.
- Das Gefühl haben, dass wir in unserem Leben vorankommen.
- Das Gefühl, dass wir einen Unterschied in der Welt machen.

Welche Aktivitäten geben dir in dieser Phase ein gutes Gefühl?

In der Mutter-Sommer-Phase können wir Gefühle der Zufriedenheit und des Wohlbefindens erzeugen, indem wir:

- Kontaktfreudig sind.
- In Teams mitmachen.
- Uns um die Bedürfnisse anderer kümmern.
- Mit Menschen in Kontakt bleiben..

Welche Aktivitäten geben dir in dieser Phase ein gutes Gefühl?

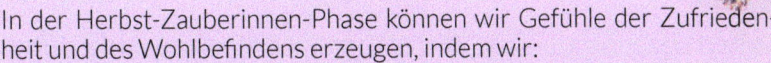

In der Herbst-Zauberinnen-Phase können wir Gefühle der Zufriedenheit und des Wohlbefindens erzeugen, indem wir:

- Eine schnelle und einfache kreative Tätigkeit zu haben.
- Entschleunigen, wenn es nötig ist.
- Unsere Erwartungen zurückschrauben und weniger Aufgaben erledigen.
- Dinge zu tun, die uns das Gefühl geben, genährt zu werden und Selbstliebe zu empfinden.
- Magische Fantasiegeschichten erfinden, die uns ermutigen.

Welche Aktivitäten geben dir in dieser Phase ein gutes Gefühl?

In der Phase der Winterkrone können wir Gefühle der Zufriedenheit und des Wohlbefindens erzeugen, indem wir:

- Ruhe und Entspannung.
- Zeit für sich selbst.
- Verbundenheit mit der Natur.
- Mehr Schlaf.
- Zeit haben, um zu träumen und uns das vorzustellen, was unser Herz begehrt.

Welche Aktivitäten geben dir in dieser Phase ein gutes Gefühl?

## Deine inneren Göttinnen machen dir ein wunderbares Geschenk:

## Die Fähigkeit, dich jederzeit glücklich zu machen.

# DIE GEHEIMEN KRÄFTE DER HERBST- UND WINTERGÖTTINNEN

Die Herbst-Zauberin und die Winter-Crone können die herausforderndsten Göttinnen sein, vor allem wenn unser Leben uns nicht erlaubt, in ihren Phasen mehr Schlaf und Entspannung zu finden. Sie können uns Zeiten intensiver emotionaler Erfahrungen bescheren, aber anstatt ein Problem zu sein, können ihre Phasen als positiver Teil unseres Lebens betrachtet werden.

### Die Herbst-Zauberinnen-Göttin:

**Der innere Geschichtenerzählerin**

Unsere Herbst-Zauberin-Göttin ist wahrscheinlich die schwierigste innere Göttin für viele Frauen, weil wir in dieser Phase zwei erstaunliche Gaben haben:

1. **Die Erfahrung von emotionalen Botschaften über unsere tiefsten Bedürfnisse.**
2. **Das Schaffen von sehr real erscheinenden emotionalen Geschichten.**

In dieser Phase können wir in unserem Kopf einen ganzen Streit mit jemandem entfachen, wir können uns eine Zukunft ausmalen, die auf einem kleinen Gedanken basiert, oder uns tausende von Gründen ausdenken, warum uns jemand nicht liebt, nur weil er nicht das getan hat, was wir wollten. Diese erstaunliche Geschichtenerzählerin in uns erschafft diese Geschichten aus einem einfachen Grund - **um uns zu sagen, dass es tief in uns etwas gibt, das uns fehlt.**

In keiner der Geschichten, die wir in dieser Phase erschaffen, geht es wirklich um andere Menschen oder Situationen; es geht darum, auf uns selbst zu hören, unsere Bedürfnisse zu erfüllen und Selbstliebe und Selbstakzeptanz zu spüren. Unsere innere Geschichtenerzählerin nutzt intensive emotionale Reaktionen auf alltägliche Situationen, um unsere Aufmerksamkeit zu erregen und zu sagen: "Hey Du, du fühlst dich nicht so, als würdest du dich selbst lieben, tu etwas Liebevolles!

Das zu wissen, ist eine große Erleichterung. Es bedeutet, dass wir uns selbst, unsere Situation oder die Menschen um uns herum nicht in Ordnung bringen müssen, **weil nichts wirklich falsch ist**. Wir müssen nur loslassen, uns entspannen und sagen: "Es ist in Ordnung, mich zu lieben, und ich werde diese liebevolle Sache für mich selbst tun.»

Wenn wir in anderen Phasen über Situationen nachdenken, die uns in der Herbst-Zauberinnen-Phase stören, stehen die Chancen gut, dass sie uns nicht so sehr stören - oder gar nicht! Das zeigt nur, wie unwirklich die Geschichten sind, die wir in dieser Phase erschaffen. Die Geschichten sind einfach starke und kraftvolle Botschaften über den Zustand unserer Selbstliebe und Selbstakzeptanz.

Wir können unsere innere Geschichtenerzählerin positiv nutzen, indem wir sie um Ideen und Inspiration bitten. Wir müssen nur darüber nachdenken, was wir gerne wissen möchten, und dann offen dafür sein, die Ideen zu uns kommen zu lassen. Sie können auf überraschende Weise kommen, zum Beispiel in einem Zeitschriftenartikel, im Fernsehen, in einem zufällig aufgeschnappten Gespräch oder in einem Moment brillanter Intuition!

### Die Problem-Finderin

In der Herbst-Zauberinnen-Phase haben wir auch die Fähigkeit, Dinge zu erkennen, die sich "falsch" anfühlen, was diese Phase ideal zum Erkennen von Problemen macht. Wir könnten einen Bericht lesen und diese Phasenfähigkeit nutzen, um nach Problemen zu suchen, Rechtschreibfehler zu bemerken oder fehlende Informationen zu erkennen.

Manchmal wissen wir sofort, wenn sich etwas nicht im Gleichgewicht anfühlt oder wenn etwas nicht gut funktioniert, aber es kann etwas länger dauern, bis wir den Grund dafür herausfinden, warum "es sich falsch anfühlt".

Sobald wir ein Problem gefunden haben, können wir unseren inneren Geschichtenerzähler nutzen, um uns eine Lösung vorzustellen und eine neue Alternative zu schaffen.

Der Einsatz unserer inneren Geschichtenerzähler- und Problemfinderfähigkeiten kann sich positiv auf unser Leben auswirken, wenn wir sie auf Projekte, Aufgaben, Aktivitäten und unser Umfeld konzentrieren. Versuche, in der Herbst-Zauberinnen-Phase keine Probleme mit anderen Menschen, mit deinen Beziehungen oder mit dir selbst zu finden; nutze stattdessen deine Geschichtenerzählerin, um positive Wege der Liebe und Umsorgends zu schaffen.

## Die Winter-Crone-Göttinnen-Phase:

In der Phase der Winter-Crone geht es darum, sich auszuruhen und unserem Geist, Körper und unseren Gefühlen zu erlauben, sich für die Phase der Frühlings-Jungen-Frau zu erneuern. Es ist eine Zeit, in der wir nachdenken und uns fragen: "Was fühlen wir in unserem Herzen, was wir im Leben wirklich tun wollen? Wenn unser Verstand mit unseren Herzensgefühlen zusammenarbeitet, sind wir in der Lage, uns zu verpflichten, in der Frühlings-Jungen-Frau-Phase und während des gesamten Zyklus aktiv zu werden.

Jeder Zyklus bietet uns die Möglichkeit, unser Engagement für den vor uns liegenden Weg zu erneuern, egal ob es darum geht, etwas zu reduzieren oder aufgeben - wie z.B. Gewicht zu verlieren, besser mit Menschen auszukommen oder unser Verhalten zu ändern - oder einfach besser auf uns selbst aufzupassen.

Wir können in dieser Phase auch unsere erstaunliche Vorstellungskraft, unsere Visualisierungs- und Tagtraumfähigkeiten nutzen, um zukünftige Szenen zu erschaffen und zu erfahren, wie gut sie sich anfühlen werden. Zum Beispiel: "Wie werde ich mich fühlen, wenn ich das Rauchen ganz aufgegeben habe?" und "Wie werde ich mich fühlen, wenn ich dieses Verhalten ändere?»

In jedem Zyklus hilft uns diese Phase, unser Ziel wirklich zu fühlen und zu sehen und eine positive Einstellung zu entwickeln, um es zu erreichen. Gleiches zieht Gleiches an: Je mehr Herzensfreude wir für etwas empfinden, desto mehr Energie geben wir ihm, um es in unserem Leben zu manifestieren.

## DER BLICK IN DEN SPIEGEL: DIE ENTDECKUNG UNSERER PERSÖNLICHEN GÖTTINNENKRÄFTE

### Nach einem aufgezeichneten Zyklus

Die Beobachtungen, die wir im Laufe des Monats aufgezeichnet haben, sind wie ein Spiegel; sie reflektieren uns, wer wir sind.

Wir sind wie der Mond; wir können uns immer nur in der Phase sehen, die wir gerade erleben, aber wenn wir aufschreiben, wie wir uns während unseres Zyklus fühlen, können wir in unseren Aufzeichnungen plötzlich unseren ganzen Zyklus und unser ganzes Selbst und unsere Weiblichkeit sehen.

Außerdem verändern wir uns wie der Mond jeden Tag ein wenig. Wenn wir also einen Tag mit dem nächsten vergleichen, ist es schwierig, die Veränderung zu erkennen. Aber wenn wir eine Woche mit der nächsten vergleichen, werden unsere Veränderungen sehr deutlich.

Um uns zu helfen, unsere Veränderungen und unsere inneren Göttinnenenergien zu erkennen, können wir unsere verschiedenen Phasen vergleichen.

**WERDE AKTIV**

Winter und Frühling vergleichen

Schau dir deine Notizen zur Winter-Crone- und Frühlings-Junge-Frau-Phase an.

Was war anders, als du dich in den beiden Phasen gefühlt hast?
Was war ähnlich?
Wie hat sich dein körperliches und emotionales Energieniveau verändert?
Was fandest du überraschend?
Waren deine Bedürfnisse ähnlich oder unterschiedlich?

## Sommer und Herbst vergleichen

Sieh dir deine Notizen zur Sommer-Mutter- und Herbst-Zauberinnen-Phase an.

Was war anders, als du dich in den beiden Phasen gefühlt hast?
Was war ähnlich?
Wie hat sich dein körperliches und emotionales Energieniveau verändert?
Was war für dich überraschend?
Waren deine Bedürfnisse ähnlich oder unterschiedlich?

## WERDE AKTIV

### Vergleich mit den anderen Phasen

Du kannst auch deine Phasen der Winter-Crone und Sommer-Mutter sowie deine Phasen Frühlings-Junge-Frau und Herbst-Zauberin miteinander vergleichen.

Wenn wir unsere verschiedenen Phasen vergleichen, beginnen wir zu verstehen, dass wir während unseres Zyklus

- es sein kann, dass wir sehr unterschiedlich über uns und unser Leben denken.
- es sein kann, dass wir unterschiedliche Fähigkeiten haben, Dinge zu tun.
- Verschiedene Dinge können für uns wichtig sein.
- Wir unterschiedliche Bedürfnisse haben.
- Wir okay sind, wie wir sind.

Sobald wir mehr als einen Zyklus aufgezeichnet haben, können wir unsere **Phasennotizen in den verschiedenen Zyklen** vergleichen und nach Dingen suchen, die gleich sind - sowohl positiv als auch negativ.
Wenn wir unsere Zyklen immer wieder aufzeichnen, können wir uns ein besseres Bild davon machen, wie sie uns beeinflussen.

**Wir werden für jede unserer Phasen wissen, wie wir uns wahrscheinlich fühlen werden, wie wir uns wahrscheinlich verhalten werden, was uns wichtig ist und was unsere Bedürfnisse sind.**

Dieses Wissen hilft uns, unsere Gefühle und Gedanken besser zu kontrollieren, und gibt uns die Fähigkeit zu wissen, wie wir unsere Bedürfnisse befriedigen können, damit wir uns wohl zu fühlen.

Wir können zum Beispiel damit beginnen, unsere Bedürfnisse zu befriedigen, indem wir besser für uns selbst sorgen, indem:

- wir es leichter nehmen, da wir wissen, wann wir müde sein werden
- wir mehr Aufgaben erledigen, wenn wir wissen, wann wir mehr Energie und Enthusiasmus für Aktionen haben werden
- wir unseren Körper pflegen, wenn wir uns fürsorglich fühlen
- wir uns Raum geben, wenn wir uns nicht kontaktfreudig fühlen

# 10 HINWEISE UND TIPPS FÜR MEHR WOHLBE-FINDEN

Tipp 1
Lebe im Einklang mit deinem Zyklus. Tu weniger in deiner Herbst- und Winterzeit und mehr in deiner Frühjahrs- und Sommerzeit.

Tipp 2
Versuche, in jeder Phase Tätigkeiten auszuüben, die deinen inneren Göttinnenbedürfnissen entsprechen und die deine Fähigkeiten und Fertigkeiten nutzen.

Tipp 3
Beginne Projekte und neue Aktivitäten in deiner Frühlings-Junge-Frauen-Phase, wenn deine Energie, dein Enthusiasmus und dein Selbstvertrauen am höchsten sind.

Tipp 4
Unterstütze Freunde und Freundinnen in deiner Sommer-Mutter-Phase, denn dann bist du emotional stark genug, um alles zu bewältigen.

Tipp 5
Nutze deine Winter-Crone-Phase, um deine wahren Gedanken und Gefühle über dich und deine Probleme zu entdecken.

Tipp 6
Setze dich in deiner Winter-Crone Phase für Veränderungen ein, indem du dir bewusst machst, was dein Herz von dir will, und dir das Ergebnis vorstellst.

Tipp 7
Glaube nicht an die Geschichten deiner Herbst-Zauberinnen-Phase. Nimm sie als nützliche Botschaften an und tue etwas, das dir hilft, dich selbst anzunehmen, zu lieben und zugehörig zu fühlen.

Tipp 8
Lass die Menschen wissen, wie du dich fühlst. Sag ihnen, ob du dich in deiner Winter-Crone-Phase zurückziehen oder in deiner Frühling-Junge-Frauen-Phase etwas auf eigene Faust unternehmen willst.

Tipp 9
Konzentriere deine Energie auf die wichtigen Dinge in der herbst-Zauberinnen- und der Winter-Crone-Phase und hole die anderen Aufgaben

in der Frühlings-Jungen-Frauen-Phase nach, wenn du mehr Energie hast.

Tipp 10
Erledige die Dinge, die dir leicht fallen, wenn du sie leicht erledigen kannst.

Tipp 11
Tu mehr von den Dingen, die es dir erlauben, dich in jeder Phase gut zu fühlen!

Dein Menstruationszyklus ist ein wunderbarer Zyklus voller aufregender und angenehmer Erfahrungen.

Hab Spaß damit!

# TÄGLICHE GÖTTINNEN-MEDITATIONEN

In dem Druck, dem Stress und den Erwartungen des Alltags können wir leicht den Kontakt zu unseren inneren Göttinnen-Energien und unserer sich veränderlichen Natur verlieren. Eine Möglichkeit, uns daran zu erinnern, wer wir sind, ist, jeden Tag eine Meditation, eine Affirmation oder eine Botschaft der inneren Göttin zu lesen, um uns an unsere zyklische Natur, unsere Phasenenergien und unsere Bedürfnisse zu erinnern.

## Frühlings-Junge-Frauen Göttin

*Zünde jeden Morgen eine weiße Kerze an, um deine Meditation zu beginnen.*

Zyklus Tag 7:
So wie die Mondsichel aus der Dunkelheit auftaucht und der Frühling auf den Winter folgt, trete ich aus der Dunkelheit ins Licht.

Zyklus Tag 8:
Ich umarme voller Freude meine hellen Frühlings-Junge-Frauen-Energien des Handelns, Denkens und des Erfolgs.

Zyklus Tag 9:
Ich habe ein wunderbares Geschenk von der Jungen-Frau des Fühlings - die Leidenschaft, meine Träume zu verwirklichen.

Zyklus Tag 10:
Meine sexuellen Frühlings-Junge-Frauen-Energien werden wiedergeboren. Ich bin schön, sinnlich und verspielt!

Zyklus Tag 11:
Ich nehme meine Selbstermächtigung an - sie hilft mir zu lieben.

Zyklus Tag 12:
Ich bin die Junge Frau des Frühlings - ich habe die Macht, Dinge geschehen zu lassen.

Zyklus-Tag 13:
So wie der Sommer auf den Frühling folgt, werde ich mich verändern. Ich genieße es, mit den Energien zu fließen.

*Zünde jeden Morgen eine rosa Kerze an, um deine Meditation zu beginnen.*

Zyklus Tag 14:
So wie die Mondsichel zum Vollmond wird und der Sommer auf den Frühling folgt, werde ich zu den strahlenden Energien der Sommer-Mutter.


Zyklustag 15:
Ich umarme voller Freude meine Sommer-Mutter-Energien der Liebe, des Einfühlungsvermögens, des Nährens und der Fürsorge.

Zyklustag 16:
Ich heiße meinen Reichtum willkommen und teile ihn mit allen.

Zyklustag 17:
Meine sexuellen Energien der Sommer-Mutter sind strahlend, fürsorglich, leidenschaftlich und liebevoll.

Zyklustag 18:
Die Sommer-Mutter nährt die Träume in meinem Herzen und bringt sie in der Welt zur Welt.

Zyklus Tag 19:
Ich erschaffe die Welt um mich herum mit Liebe und Freude.

Zyklus-Tag 20:
Ich nähre alle Beziehungen mit Liebe, damit sie wachsen können. Heute werde ich sagen: "Ich liebe dich".

Zyklus-Tag 21:
So wie der Sommer in den Herbst übergeht und der Vollmond sich zu verdunkeln beginnt, lasse ich das Licht los und bereite mich auf den Wandel vor.

# Herbst-Zauberin Göttin

*Zünde jeden Abend eine violette Kerze an, um deine Meditation zu beginnen.*

Zyklus Tag 22:
In die Dunkelheit des abnehmenden Mondes und die Energien des Herbstes trete ich mit Aufregung und wachsender Wildheit.

Zyklus Tag 23:
Ich umarme meine Herbst-Zauberinnen-Energien der Fantasie, Inspiration, Intuition und wilden Magie.

Zyklus Tag 24:
Meine sexuellen Energien der Herbst-Zauberin sind wild und erotisch oder bedürftig und zurückgezogen. Ich akzeptiere und liebe alle meine Zauberinnen-Energien.

Zyklustag 25:
Ich besitze die wilde Leidenschaft und kreative Inspiration der Zauberin. Morgen erschaffe ich.

Zyklus Tag 26:
Ich spüre die Bedürfnisse der Herbst-Zauberin. Morgen werde ich sie in meinem Leben erfüllen.

Zyklus Tag 27:
Ich werde langsamer und höre auf die Herbst-Zauberin, die mir sagt, dass ich mich selbst mehr lieben soll.

Zyklustag 28:
Während der Winter naht und der Mond sich vom Himmel zurückzieht, halte ich inne und ruhe in der Dunkelheit.

*Zünde jeden Abend eine schwarze oder rote Kerze an, um deine Meditation zu beginnen.*

Zyklus Tag 1:
In der Dunkelheit des Winters und des dunklen Mondes halte ich inne. Ich lasse los und akzeptiere die Liebe der Winter-Crone.

Zyklus Tag 2:
Ich nehme die Gaben der Winter-Crone an: Weisheit, inneres Wissen, Frieden und Ruhe.

Zyklus Tag 3:
Ich entspanne mich in den Armen des Winterwunders und weiß, dass alles gut ist und alles möglich ist.

Zyklus Tag 4:
Meine sexuellen Energien der Winter-Crone sind langsam und sinnlich, spirituell und schön.

Zyklus Tag 5:
Ich träume von meinen Herzenswünschen und spüre die Bestimmung meiner Seele.

Zyklus Tag 6:
Von der Winter-Crone werde ich ins Licht und in die Energie wiedergeboren. Ich schenke ihr meine Liebe und Dankbarkeit für das Geschenk des Friedens und der Erneuerung.

Zyklustag 1 ist dein erster Tag der Menstruation. Wenn dein Zyklus länger als 28 Tage dauert, wiederhole einfach die Meditationen. Wenn dein Zyklus kürzer als 28 Tage ist, gehe zu den nächsten Göttinnen-Meditationen über, wenn du dich bereit fühlst.

# WERDE AKTIV

Schreibe deine eigenen täglichen Meditationen

Vielleicht möchtest du deine eigenen Meditationen, Affirmationen und Botschaften von deinen inneren Göttinnen schreiben, die dir helfen, dich mit ihnen zu verbinden, ihre Bedürfnisse zu erfüllen, ihre Gaben auszudrücken und ihre Energien zu feiern.

Wenn wir unsere Zyklen aufzeichnen und Aktivitäten im Einklang mit unseren inneren Göttinnen durchführen, werden wir immer besser in der Lage sein, die Veränderungen in unserem Körper, unseren Gefühlen und unseren Gedankenprozessen zu erkennen, ohne darüber Buch zu führen. Unsere Zyklen werden zu einem willkommenen und ermächtigenden Teil unseres Lebens, der uns in unseren Beziehungen, bei der Arbeit, in unserem Selbstverständnis und in unserem Wachstum hilft.

**Wenn du feststellst, dass du eine Sache in einer bestimmten Phase besser machen kannst,**
**erzähle es einer anderen Frau und inspiriere sie dazu, das Gleiche zu tun.**

**Nur wenn wir Dinge selbst ausprobieren**
**können wir diese wunderbaren Geschenke in unserem Leben genießen!**

# WIR SIND DIE FRAUEN, DIE BEREIT SIND

An diesem alten Ort
Zwischen dem Land und dem Meer,
zwischen der Erde und den Sternen,
bilden wir einen heiligen Kreis -
Einen Ort außerhalb von Zeit und Raum.

Wir umgeben diesen Ort mit Liebe.
Wir umgeben diesen Ort mit Licht.
Wir umgeben diesen Ort mit der Göttin,
um ein Heiligtum des Weiblichen zu schaffen.

Göttin,
Wir erinnern uns noch,
Wir, die wir auf dem Land sitzen,
An die Schönheit deines Lichts
das sich in unserem Schoß spiegelt.

In unseren Knochen
hören wir Frauen immer noch
Den Ruf des Meeres -
Um mit der Magie zu fließen
die die Gezeiten der Frauen sind.

In unseren Knochen
fühlen wir Frauen immer noch
Die Zärtlichkeit des Mondes,
Erinnert uns an die Geheimnisse
Dessen wer wir sind.

In unseren Knochen
hören wir Frauen immer noch
Das Lied des Abendsterns,
der unsere Magie und Schönheit erweckt,
die lange Zeit gefangen war.

Wir sind die Frauen, die bereit sind -
Bereit, uns zu erinnern.

Wir sind die Frauen, die bereit sind -
Bereit, aus dem Schlaf zu erwachen.

Wir sind die Frauen, die bereit sind -
Bereit, die Magie der Frauen zurückzufordern.

# UNSERE WEIBLICHKEIT SEGNEN UND SIE IN DER WELT ERWECKEN

## Das weltweite Womb Blessing®

Das weltweite Womb Blessing® wurde 2012 ins Leben gerufen und ist eine Übertragung der göttlichen weiblichen Energie von Miranda Gray und den Moon Mothers, die fünfmal im Jahr stattfindet und für alle Frauen der Welt kostenlos ist.

Das Womb Blessing ist

- **Eine Segnung unserer Weiblichkeit**, die alles, was wir sind, bestätigt und uns hilft, unsere Schuld und unseren Schmerz loszulassen, uns zu akzeptieren und uns würdig zu fühlen und unsere Weiblichkeit wieder mit ihrer Heiligkeit zu verbinden, wenn die Welt uns regelmäßig entfremdet.
- **Ein Weg des weiblichen Erwachens**, der mehr und mehr Aspekte unserer inneren Göttinnen erweckt, die unterdrückt waren oder geschlummert haben. Er hilft uns, unsere Weiblichkeit zu heilen, unsere Gaben anzunehmen und unsere weibliche Natur zu verstehen, zu erleben und auszudrücken, damit wir mehr im Einklang mit diesen authentischen weiblichen Energien leben können.
- **Ein Weg der Einheit**, der die Einheit zwischen Körper, Geist und Seele, die Einheit zwischen Frauen, die Einheit mit der Erde und die Einheit mit dem Göttlichen schafft.
- **Eine internationale Gemeinschaft** von Frauen, die gemeinsam in ihrer Weiblichkeit und in ihrer natürlichen weiblichen Spiritualität erwachen und wachsen.

Alle Frauen, ob mit oder ohne Zyklus oder Gebärmutter, sind herzlich eingeladen, am weltweiten Womb Blessing® teilzunehmen.

Wenn wir die inneren Göttinnen erwecken, auf ihre Energien und Bedürfnisse hören und ihre Gaben in unserem Leben zum Ausdruck bringen, fühlen wir uns:

**gestärkt, liebevoll, bejahend,**
**friedlich, freudig, kreativ,**
**erfüllt, ganz und glücklich.**

Um an am weltweiten Womb Blessing teilzunehmen, melde dich einfach online für die jeweilige Veranstaltung an: www.wombblessing.com

# AUCH VON MIRANDA GRAY

Für weitere Informationen über Miranda Gray:

Facebook: www.facebook.com/mirandagrayhome
Website: www.mirandagray.co.uk

## The Optimized Woman - Nutze deinen Menstruationszyklus, um Erfolg und Erfüllung zu erreichen

Der Menstruationszyklus hatte lange Zeit ein negatives Image, aber dieses Buch wird deine Meinung ändern! In einem täglichen Plan mit Informationen und Aktivitäten lernst du, wie du deine Optimalzeiten erkennst - Tage in deinem Zyklus mit erhöhten Fähigkeiten und Fertigkeiten - und entdeckst, wie du sie im Alltag anwenden kannst, um Glücksgefühle und Wohlbefinden zu erzeugen, deine Träume und Ziele zu erreichen und im Beruf weiterzukommen.

Wir müssen die Dinge nicht auf die gleiche Weise tun wie Männer!
www.optimizedwoman.com

## Roter Mond - Die kreativen, sexuellen und spirituellen Gaben des Menstruationszyklus verstehen und nutzen

Wenn wir uns alte Legenden und Volksgeschichten anschauen, machen wir eine erstaunliche Entdeckung: dass Frauen in der Vergangenheit Geschichten über ihre Menstruationszyklen geschrieben haben, die uns lehren, uns selbst zu verstehen und unsere wechselnden Energien zu genießen. Wir begegnen Göttinnen, die uns durch unseren Wechselmonat führen und uns zeigen, wie wir die wundervollen weiblichen Energien des Menstruationszyklus umarmen und zum Ausdruck bringen können.
www.redmoonthebook.com

https://www.stadelmann-natur.de

### Roter Mond Orakelkarten

Dieses Kartenset mit Begleitbuch lädt Frauen ein, die heilenden, kraftvollen Energien des eigenen Zyklus zu erforschen und das Göttlich-Weibliche zu entdecken.
Wenn im Alltag die Orientierung verloren geht und wir innere Klarheit suchen verbinden uns die Botschaften mit unserer Intuition. Die Meditationen, Rituale und Affirmationen helfen, die Wahrnehmung zu schärfen und die eigene authentische Weiblichkeit zu leben.
Tag für Tag, Zyklus für Zyklus, Jahr für Jahr.
https://www.stadelmann-natur.de

### Spiritual Messages for Women – Weibliche Weisheit für den Menstruationszyklus.

Ein Buch, das uns das Geheimnis zurückgibt, wie man ein weibliches spirituelles Leben in einer männlichen Welt führt.
Spiritual Messages for Women bietet dir täglich eine inspirierende, unterstützende und liebevolle Anleitung, die auf deine vier Phasen abgestimmt ist und dir zeigt, wie du jeden Tag während des ganzen Monats eine wunderbare, liebevolle Beziehung zum Göttlichen aufbauen und genießen kannst.
www.spiritualmessagesforwomen.com

### Erweckung der weiblichen Energie: Der Weg des weltweiten Womb Blessing zu authentischer Weiblichkeit

Wünschst du dir, die leidenschaftliche, spirituelle, starke, liebende, kreative und sinnliche Frau zu sein, die du tatsächlich bist? Fünfmal pro Jahr verbinden sich weltweit tausende Frauen miteinander, um gemeinsam zu ihrer schon vor langer Zeit verlorengegangenen Weiblichkeit zurückzukehren. Über das weltweite Womb Blessing, eine Gebärmuttersegnung, aktivieren sie ihre weiblichen Energien.
In diesem Buch erklärt die Begründerin des Womb Blessing, Miranda Gray, was hinter den Gebärmuttersegnungen steckt, und gibt Antworten auf Fragen, die Frauen sich heute stellen.
https://female-energy-awakening.com
https://www.stadelmann-natur.de

# WIE DU DIE TABELLEN VERWENDEST

Es spielt keine Rolle, ob du gerade mit deiner Menstruation beginnst, dich in der Mitte oder gegen Ende deines Lebens befindest; wir alle können unregelmäßige Zyklen erleben!

Diese Aufzeichnungstabellen sollen dir dabei helfen, deine Erfahrungen während deiner verschiedenen Phasen aufzuzeichnen. Die Nummern der Zyklustage sind nur eine Vorstellung davon, wann diese Phasen in deinem Zyklus auftreten können.

- Nachdem du dir ein paar Monate lang Notizen gemacht hast, wirst du vielleicht feststellen, dass dein Zyklus länger oder kürzer als 28 Tage ist.
- Es kann sein, dass du eine längere oder kürzere Phase der Herbst-Verzauberin oder der Winter-Krone hast als in der Tabelle angegeben.
- Du wirst feststellen, dass jeder Monat anders aussieht.

Das sind alles großartige Beobachtungen und zeigen, dass du deinen Zyklus kennenlernst!

Was uns wirklich hilft, von den Gaben der inneren Göttin zu profitieren, ist zu merken, wenn wir uns verändern. Ignoriere also die Nummerierung, wenn sie für dich nicht funktioniert, und benutze stattdessen deine eigene.

Hinweis: Zyklustag 1 ist dein erster Tag der Blutung

# AUFZEICHNUNGEN: FRÜHLINGS-JUNGE GÖTTIN

## WIE ICH MICH FÜHLE

| Zyklustag | Denken | Emotionell | Dinge, die mir einfach fallen | Aktivitäten, die mir schwerer fallen |
|---|---|---|---|---|
| 7 | | | | |
| 8 | | | | |
| 9 | | | | |
| 10 | | | | |
| 11 | | | | |
| 12 | | | | |
| 13 | | | | |

# AUFZEICHNUNGEN: SOMMER-MUTTER GÖTTIN

## WIE ICH MICH FÜHLE

| Zyklustag | Denken | Emotionell | Dinge, die mir einfach fallen | Aktivitäten, die mir schwerer fallen |
|---|---|---|---|---|
| 14 | | | | |
| 15 | | | | |
| 16 | | | | |
| 17 | | | | |
| 18 | | | | |
| 19 | | | | |
| 20 | | | | |

# AUFZEICHNUNGEN: HERBST-ZAUBERIN GÖTTIN

## WIE ICH MICH FÜHLE

| Zyklustag | Denken | Emotionell | Dinge, die mir einfach fallen | Aktivitäten, die mir schwerer fallen |
|---|---|---|---|---|
| 21 | | | | |
| 22 | | | | |
| 23 | | | | |
| 24 | | | | |
| 25 | | | | |
| 27 | | | | |
| 28 | | | | |

# AUFZEICHNUNGEN: WINTER-CRONE GÖTTIN

## WIE ICH MICH FÜHLE

| Zyklustag | Denken | Emotionell | Dinge, die mir einfach fallen | Aktivitäten, die mir schwerer fallen |
|-----------|--------|------------|-------------------------------|--------------------------------------|
| 1 | | | | |
| 2 | | | | |
| 3 | | | | |
| 4 | | | | |
| 5 | | | | |
| 6 | | | | |

# AUFZEICHNUNGEN: FRÜHLINGS-JUNGE GÖTTIN

## WIE ICH MICH FÜHLE

| Zyklustag | Denken | Emotionell | Dinge, die mir einfach fallen | Aktivitäten, die mir schwerer fallen |
|---|---|---|---|---|
| 7 | | | | |
| 8 | | | | |
| 9 | | | | |
| 10 | | | | |
| 11 | | | | |
| 12 | | | | |
| 13 | | | | |

# AUFZEICHNUNGEN: SOMMER-MUTTER GÖTTIN

## WIE ICH MICH FÜHLE

| Zyklustag | Denken | Emotionell | Dinge, die mir einfach fallen | Aktivitäten, die mir schwerer fallen |
|-----------|--------|------------|-------------------------------|--------------------------------------|
| 14 | | | | |
| 15 | | | | |
| 16 | | | | |
| 17 | | | | |
| 18 | | | | |
| 19 | | | | |
| 20 | | | | |

# AUFZEICHNUNGEN: HERBST-ZAUBERIN GÖTTIN

## WIE ICH MICH FÜHLE

| Zyklustag | Denken | Emotionell | Dinge, die mir einfach fallen | Aktivitäten, die mir schwerer fallen |
|-----------|--------|------------|-------------------------------|--------------------------------------|
| 21 | | | | |
| 22 | | | | |
| 23 | | | | |
| 24 | | | | |
| 25 | | | | |
| 27 | | | | |
| 28 | | | | |

# AUFZEICHNUNGEN: WINTER-CRONE GÖTTIN

## WIE ICH MICH FÜHLE

| Zyklustag | Denken | Emotionell | Dinge, die mir einfach fallen | Aktivitäten, die mir schwerer fallen |
|-----------|--------|------------|-------------------------------|--------------------------------------|
| 1 | | | | |
| 2 | | | | |
| 3 | | | | |
| 4 | | | | |
| 5 | | | | |
| 6 | | | | |

# AUFZEICHNUNGEN: FRÜHLINGS-JUNGE GÖTTIN

## WIE ICH MICH FÜHLE

| Zyklustag | Denken | Emotionell | Dinge, die mir einfach fallen | Aktivitäten, die mir schwerer fallen |
|---|---|---|---|---|
| 7 | | | | |
| 8 | | | | |
| 9 | | | | |
| 10 | | | | |
| 11 | | | | |
| 12 | | | | |
| 13 | | | | |

# AUFZEICHNUNGEN: SOMMER-MUTTER GÖTTIN

## WIE ICH MICH FÜHLE

| Zyklustag | Denken | Emotionell | Dinge, die mir einfach fallen | Aktivitäten, die mir schwerer fallen |
|-----------|--------|------------|-------------------------------|--------------------------------------|
| 14 | | | | |
| 15 | | | | |
| 16 | | | | |
| 17 | | | | |
| 18 | | | | |
| 19 | | | | |
| 20 | | | | |

# AUFZEICHNUNGEN: HERBST-ZAUBERIN GÖTTIN

## WIE ICH MICH FÜHLE

| Zyklustag | Denken | Emotionell | Dinge, die mir einfach fallen | Aktivitäten, die mir schwerer fallen |
|---|---|---|---|---|
| 21 | | | | |
| 22 | | | | |
| 23 | | | | |
| 24 | | | | |
| 25 | | | | |
| 27 | | | | |
| 28 | | | | |

# AUFZEICHNUNGEN: WINTER-CRONE GÖTTIN

## WIE ICH MICH FÜHLE

| Zyklustag | Denken | Emotionell | Dinge, die mir einfach fallen | Aktivitäten, die mir schwerer fallen |
|---|---|---|---|---|
| 1 | | | | |
| 2 | | | | |
| 3 | | | | |
| 4 | | | | |
| 5 | | | | |
| 6 | | | | |

# AUFZEICHNUNGEN: FRÜHLINGS-JUNGE GÖTTIN

## WIE ICH MICH FÜHLE

| Zyklustag | Denken | Emotionell | Dinge, die mir einfach fallen | Aktivitäten, die mir schwerer fallen |
|---|---|---|---|---|
| 7 | | | | |
| 8 | | | | |
| 9 | | | | |
| 10 | | | | |
| 11 | | | | |
| 12 | | | | |
| 13 | | | | |

# AUFZEICHNUNGEN: SOMMER-MUTTER GÖTTIN

## WIE ICH MICH FÜHLE

| Zyklustag | Denken | Emotionell | Dinge, die mir einfach fallen | Aktivitäten, die mir schwerer fallen |
|-----------|--------|------------|-------------------------------|--------------------------------------|
| 14 | | | | |
| 15 | | | | |
| 16 | | | | |
| 17 | | | | |
| 18 | | | | |
| 19 | | | | |
| 20 | | | | |

# AUFZEICHNUNGEN: HERBST-ZAUBERIN GÖTTIN

## WIE ICH MICH FÜHLE

| Zyklustag | Denken | Emotionell | Dinge, die mir einfach fallen | Aktivitäten, die mir schwerer fallen |
|---|---|---|---|---|
| 21 | | | | |
| 22 | | | | |
| 23 | | | | |
| 24 | | | | |
| 25 | | | | |
| 27 | | | | |
| 28 | | | | |

# AUFZEICHNUNGEN: WINTER-CRONE GÖTTIN

## WIE ICH MICH FÜHLE

| Zyklustag | Denken | Emotionell | Dinge, die mir einfach fallen | Aktivitäten, die mir schwerer fallen |
|-----------|--------|------------|-------------------------------|--------------------------------------|
| 1 | | | | |
| 2 | | | | |
| 3 | | | | |
| 4 | | | | |
| 5 | | | | |
| 6 | | | | |